CW00428318

RENÉ CHAR

Lettera amorosa

Illustré par Georges Braque

suivi de

Guirlande terrestre

Illustré par Jean Arp

GALLIMARD

Lettera amorosa

...une force invincible d'amour

CLAUDIO MONTEVERDI

Amants qui n'êtes qu'à vous-mêmes, aux rues, aux bois
et à la poésie ; couple aux prises avec tout le risque, dans
l'absence, dans le retour, mais aussi dans le temps brutal ;
dans ce poème il n'est question que de vous.

RENÉ CHAR

SUR DEUX VERSIONS ILLUSTRÉES
DE *LETTERA AMOROSA*

La présente édition de *Lettera amorosa* réunit deux versions illustrées du poème de René Char, publiées à dix ans d'intervalle. L'une et l'autre sont enluminées par les peintres, en 1952 par Jean Arp puis en 1963 par Georges Braque.

La première version illustrée par Jean Arp en 1952 est intitulée *Guirlande terrestre*. C'est une première ébauche de *Lettera amorosa*. Elle se présente sous la forme d'un manuscrit de trente-six pages accompagné de seize œuvres originales de Jean Arp. L'artiste, un des fondateurs du mouvement dada, a rencontré René Char au sein du mouvement surréaliste. Mais c'est plus de vingt ans après que naît cette unique collaboration. Le peintre utilise des papiers de couleur découpés et collés dont certains peints à la gouache. Au verso, occupant l'espace, l'illustration toute en formes arrondies et couleurs nuancées s'harmonise avec la mélodie amoureuse du poème. Le texte de René Char comporte de nombreuses ratures et semble vouloir faire apparaître le travail en gestation avec ses remords et ses variantes. Ce manuscrit unique fait partie des vingt-deux manuscrits que le poète et ses amis peintres dédièrent à Yvonne Zervos, directrice de la galerie des Cahiers d'art de 1929 à 1969.

La seconde version, rédigée dès 1953, est illustrée par Georges Braque dix ans plus tard et publiée le 21 mars 1963 par Edwin Engelberts à Genève. L'ouvrage est présenté dans une boîte entoilée rouge. Il comporte vingt-sept lithographies en couleurs et sera exposé en mai de la même année à la Bibliothèque littéraire Jacques Doucet dans le cadre de l'exposition Georges Braque-René Char.

«Chemin faisant, dit Braque, ainsi va l'amitié.» Elle a commencé en 1945 lors de la publication des *Feuillets d'Hypnos* de René Char et ne sera interrompue que par la mort de Braque, cinq mois après la publication de *Lettera amorosa*. De nombreux ouvrages réalisés en commun ont jalonné cette amitié.

C'est en 1958 que naît l'idée d'une collaboration autour de *Lettera amorosa*. Braque se passionne pour ce projet et s'y consacre durant de nombreuses années. Plusieurs des illustrations sont recommencées deux à trois fois, et l'artiste exécute ses retouches dans son atelier. Dans cet hymne d'amour adressé à l'Absente, Braque éclaire et illumine, par touches successives, les transes et les jubilations de l'Amant.

De son côté, Char prend un soin égal à choisir le papier, le caractère, la mise en page et n'hésite pas à commenter le texte en présence de Braque et de l'éditeur afin d'établir par sa parole un lien direct entre le texte et l'illustration.

Traces du dialogue que le Poète a entretenu toute sa vie avec les peintres, ses «alliés substantiels», ces livres et manuscrits rares sont pour la plupart la propriété privée de bibliophiles ou sous clef dans la réserve d'une bibliothèque. Les voici enfin mis en lumière dans une collection de poche et offerts au regard du grand public. Leur beauté témoigne de la fraternité spirituelle qui unit l'art et la poésie.

MARIE-CLAUDE CHAR

RENÉ CHAR

LETTERA
AMOROSA

GEORGES BRAQUE

DÉDICACE

Temps en sous-œuvre, années d'affliction...
Droit naturel ! Ils donneront malgré eux une
nouvelle fois l'existence à l'Ouvrage de tous les
temps admiré.

Je te chéris. Tôt dépourvu serait l'ambitieux
qui resterait incroyant en la femme, tel le frelon

9

aux prises avec son habileté de moins en moins spacieuse. Je te chéris cependant que dérive la lourde pinasse de la mort.

« Ce fut, monde béni, tel mois d'Éros altéré, qu'elle illumina le bâti de mon être, la conque de son ventre : je les mêlai à jamais. Et ce fut à telle seconde de mon appréhension qu'elle changea le sentier flou et aberrant de mon destin en un chemin de parélie pour la félicité furtive de la terre des amants. »

Le cœur soudain privé, l'hôte du désert
devient presque lisiblement le cœur
fortuné, le cœur agrandi, le diadème.

Je n'ai plus de fièvre ce matin. Ma tête est
de nouveau claire et vacante, posée comme un
rocher sur un verger à ton image. Le vent, qui
soufflait du Nord hier, fait tressaillir par endroits
le flanc meurtri des arbres.

Je sens que ce pays te doit une émotivité
moins défiante et des yeux autres que ceux à
travers lesquels il considérait toutes choses

auparavant. Tu es partie mais tu demeures dans l'inflexion des circonstances, puisque lui et moi avons mal. Pour te rassurer dans ma pensée, j'ai rompu avec les visiteurs éventuels, avec les besognes et la contradiction. Je me repose comme tu assures que je dois le faire. Je vais souvent à la montagne dormir. C'est alors, en vérité, qu'avec l'aide d'une nature à présent favorable, je m'évade des échardes enfoncées dans ma chair, vieux accidents, âpres tournois.

Pourras-tu accepter contre toi un homme si haletant ?

Lunes et nuit, vous êtes un loup de velours
noir, village, sur la veillée de mon amour.

16

"Scrute tes paupières ", me disait ma mère, penchée sur mon avant-sommeil d'écolier. J'apercevais flottant un petit caillou, tantôt paresseux, tantôt strident, un galet pour verdir dans l'herbe. Je pleurais. Je l'eusse voulu dans mon âme, et seulement là.

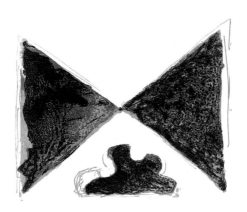

Chant d'insomnie :

Amour hélant, l'Amoureuse viendra,
Gloria de l'été, ô fruits !
La flèche du soleil traversera ses lèvres,
Le trèfle nu sur sa chair bouclera,
Miniature semblable à l'iris, l'orchidée,
Cadeau le plus ancien des prairies au plaisir
Que la cascade instille, que la bouche délivre.

Je voudrais me glisser dans une forêt où les plantes se refermeraient et s'étreindraient derrière nous, forêt nombre de fois centenaire, mais elle reste à semer. C'est un chagrin d'avoir, dans sa courte vie, passé à côté du feu avec des mains de pêcheur d'éponges. " Deux étincelles, tes aïeules ", raille l'alto du temps, sans compassion.

L'automne ! Le parc compte ses arbres bien
distincts. Celui-ci est roux traditionnellement ;

cet autre fermant le chemin est une bouillie d'épines. Le rouge-gorge est arrivé, le gentil luthier des campagnes. Les gouttes de son chant s'égrènent sur le carreau de la fenêtre. Dans l'herbe de la pelouse grelottent de magiques assassinats d'insectes. Écoute, mais n'entends pas.

Mon éloge tournoie sur les boucles de ton front, comme un épervier à bec droit.

Parfois j'imagine qu'il serait bon de se noyer à la surface d'un étang où nulle barque ne s'aventurerait. Ensuite, ressusciter dans le courant d'un vrai torrent où tes couleurs bouillonneraient.

L'air que je sens toujours prêt à manquer
à la plupart des êtres, s'il te traverse, a une
profusion et des loisirs étincelants.

Il faut que craque ce qui enserre cette ville où tu te trouves retenue. Vent, vent, vent autour des troncs et sur les chaumes.

J'ai levé les yeux sur la fenêtre de ta chambre. As-tu tout emporté ? Ce n'est qu'un flocon qui fond sur ma paupière. Laide saison où l'on croit regretter, où l'on projette, alors qu'on s'aveulit.

Tu es plaisir, avec chaque vague séparée de ses suivantes. Enfin toutes à la fois chargent. C'est la mer qui se fonde, qui s'invente. Tu es plaisir, corail de spasmes.

Absent partout où l'on fête un absent.

Je ris merveilleusement avec toi.
Voilà la chance unique.

Qui n'a pas rêvé, en flânant sur le boulevard des villes, d'un monde qui, au lieu de commencer avec la parole, débuterait avec les intentions ?

Quel mouvement hostile t'accapare ? Ta personne se hâte, ton baiser disparaît. L'un avec les inventions de l'autre, sans départ, multipliait les sillages.

Je ne puis être et ne veux vivre que dans l'espace et dans la liberté de mon amour. Nous ne sommes pas ensemble le produit d'une capitulation, ni le motif d'une servitude plus déprimante encore. Aussi menons-nous malicieusement l'un contre l'autre une guérilla sans reproche.

Nos paroles sont lentes à nous parvenir, comme si elles contenaient, séparées, une sève suffisante pour rester closes tout un hiver ; ou mieux, comme si, à chaque extrémité de la silencieuse distance, se mettant en joue, il leur était interdit de s'élancer et de se joindre. Notre voix court de l'un à l'autre ; mais chaque avenue, chaque treille, chaque fourré, la tire à lui, la retient, l'interroge. Tout est prétexte à la ralentir.

Souvent je ne parle que pour toi, afin que la terre m'oublie.

Après le vent c'était toujours plus beau, bien que la douleur de la nature continuât.

Je viens de rentrer. J'ai longtemps marché. Tu es la Continuelle. Je fais du feu. Je m'assois dans le fauteuil de panacée. Dans les plis des flammes barbares, ma fatigue escalade à son tour. Métamorphose bienveillante alternant avec la funeste.

Dehors le jour indolore se traîne, que les verges des saules renoncent à fustiger. Plus haut, il y a la mesure de la futaie que l'aboi des chiens et le cri des chasseurs déchirent.

Notre arche à tous, la très parfaite, naufrage à l'instant de son pavois. Dans ses débris et sa poussière, l'homme à tête de nouveau-né réapparaît. Déjà mi-liquide, mi-fleur.

La terre feule, les nuits de pariade. Un complot de branches mortes n'y pourrait tenir.

S'il n'y avait sur terre que nous, mon amour, nous serions sans complices et sans alliés. Avant-coureurs candides ou survivants hébétés.

L'exercice de la vie, quelques combats au dénouement sans solution mais aux motifs valides, m'ont appris à regarder la personne humaine sous l'angle du ciel dont le bleu d'orage lui est le plus favorable.

Toute la bouche et la faim de quelque chose de meilleur que la lumière — de plus échancré et de plus agrippant — se déchaînent.

Celui qui veille au sommet du plaisir est l'égal du soleil comme de la nuit. Celui qui veille n'a pas d'ailes, il ne poursuit pas.

J'entrouvre la porte de notre chambre. Y dorment nos jeux. Placés par ta main même. Blasons durcis, ce matin, comme du miel de cerisier.

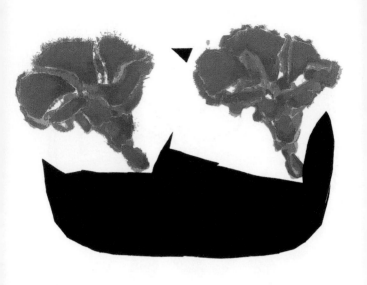

Il est des parcelles de lieux où l'âme rare subitement exulte. Alentour ce n'est qu'espace indifférent. Du sol glacé elle s'élève, déploie tel un chant sa fourrure, pour protéger ce qui la bouleverse, l'ôter de la vue du froid.

Mon exil est enclos dans la grêle. Mon exil monte à sa tour de patience. Pourquoi le ciel se voûte-t-il ?

Pourquoi le champ de la blessure est-il de tous le plus prospère ? Les hommes aux vieux regards, qui ont eu un ordre du ciel transpercé, en reçoivent sans s'étonner la nouvelle.

Affileur de mon mal je souffre d'entendre les fontaines de ta route se partager la pomme des orages.

Une clochette tinte sur la pente des mousses où tu t'assoupissais, mon ange du détour. Le sol de graviers nains était l'envers humide du long ciel, les arbres, des danseurs intrépides.

Trêve, sur la barrière, de ton museau repu d'écumes, jument de mauvais songe, ta course est depuis longtemps terminée.

Cet hivernage de la pensée occupée d'un seul être que l'absence s'efforce de placer à mi-longueur du factice et du surnaturel.

Ce n'est pas simple de rester hissé sur la vague du courage quand on suit du regard quelque oiseau volant au déclin du jour.

47

Je ne confonds pas la solitude avec la lyre du désert. Le nuage cette nuit qui cerne ton oreille n'est pas de neige endormante, mais d'embruns enlevés au printemps.

Il y a deux iris jaunes dans l'eau verte de la Sorgue. Si le courant les emportait, c'est qu'ils seraient décapités.

Ma convoitise comique, mon vœu glacé : saisir ta tête comme un rapace à flanc d'abîme. Je t'avais, maintes fois, tenue sous la pluie des falaises, comme un faucon encapuchonné.

Voici encore les marches du monde concret, la
perspective obscure où gesticulent des silhouettes
d'hommes dans les rapines et la discorde.
Quelques-unes, compensantes, règlent le feu
de la moisson, s'accordent avec les nuages.

Merci d'être, sans jamais te casser, iris, ma fleur de gravité. Tu élèves au bord des eaux des affections miraculeuses, tu ne pèses pas sur les mourants que tu veilles, tu éteins des plaies sur lesquelles le temps n'a pas d'action, tu ne conduis pas à une maison consternante, tu permets que toutes les fenêtres reflétées ne fassent qu'un seul visage de passion, tu accompagnes le retour du jour sur les vertes avenues libres.

SUR LE FRANC-BORD

I. Iris. *1° Nom d'une divinité de la mythologie grecque, qui était la messagère des dieux. Déployant son écharpe, elle produisait l'arc-en-ciel.*

2° Nom propre de femme, dont les poètes se servent pour désigner une femme aimée et même quelques dames lorsqu'on veut taire le nom.

3° Petite planète.

II. Iris. *Nom spécifique d'un papillon, le nymphale gris, dit le grand mars changeant. Prévient du visiteur funèbre.*

III. Iris. *Les yeux bleus, les yeux noirs, les yeux verts sont ceux dont l'iris est bleu, est noir, est vert.*

IV. Iris. *Plante. Iris jaune des rivières.*

... Iris plural, iris d'Éros, iris de Lettera amorosa.

RENÉ CHAR

GUIRLANDE
TERRESTRE

JEAN ARP

René Char

Guirlande terrestre

1952

Le cœur soudain privé, l'hôte
du désert devient presque lisiblement
le cœur fortuné, le cœur agrandi,
le diadème.

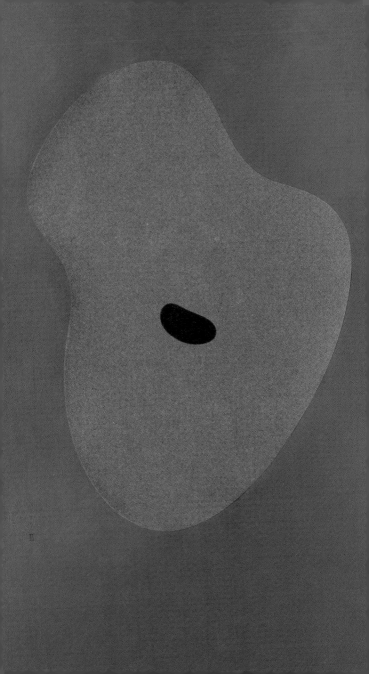

... Je n'ai plus de fièvre ce matin. ma tête est à nouveau claire et vacante, posée comme un rocher sur un verger à ton image. Le vent très fort qui soufflait du Nord hier fait tressaillir par endroits le flanc meurtri ~~a laissé quet là~~ ~~le fil d'agitation que~~ ~~pendant dans~~ des arbres. Tu te réinstalles. Tu reprends le terrain perdu. Tu parviens avec rapidité à l'essor de la conquête.

Je sens que ce pays te doit une ~~sorte~~ émotivité ~~moins défiante~~ et des yeux autres que ceux à travers lesquels il ~~regardait~~ considérait toutes choses auparavant. Tu es partie, mais tu demeures

1

dans l'inflexion des circonstances, puisque lui et moi avons mal. Pour te rassurer dans ma pensée, j'ai rompu ~~de toutes~~ avec les ~~les besognes~~ visiteurs éventuels, avec ~~la fatigue~~ et la contradiction. Je me repose comme tu assures que je dois le faire. Je vais souvent à la montagne dormir. ~~Je t'ai joué~~ C'est ~~entend t'ébranle pour te séduire~~. qu'avec l'aide d'une nature à présent favorable alors en vérité ~~que~~ je m'évade des écharpes enfoncées dans ma chair, vieux accidents, après tournois. Pourras-tu encore accepter contre toi un homme si haletant ?

Mon éloge tournoie sur les boucles de ton front comme un épervier à bec droit.

Lunes et nuit, Vous êtes un loup de velours noir, village, sur ~~la veillée~~ de mon ~~amour~~.

Deux étincelles, mes aïeules.

2

Je voudrais me ~~glisser~~ glisser dans une forêt
où toutes les plantes se refermeraient et
s'étreindraient derrière nous, forêt nom-
bre de fois centenaire, mais elle reste
~~_____~~ à semer. C'est un chagrin d'avoir,
dans sa courte vie, passé à côté du feu
avec des mains de pêcheur d'éponges...

Toute la bouche et la faim de quelque
chose de meilleur que la lumière (de plus échan-
cré et de plus agrippant) ~~se déchaînent _____~~.

Tes valises sont fermées, ta personne se
hâte, ~~ton baiser~~ disparaît. Tout ce mou-
vement hostile qui t'accapare à la
forme et le sarcasme d'un train.
L'un avec les ~~distractions~~ de l'autre, sans
départ, c'était fabuleusement énigmatique.

Presque j'écrirais sur le dos du temps.

3

Il est doux et maniable, lent et craquant. L'automne ! Le parc compte ses arbres bien distincts les uns des autres. Celui-ci est roux traditionnelle-ment. Cet autre s'attarde au ~~gris~~. Ce dernier est une bouillie d'épines. Le rouge-gorge le gentil luthier de campagne est arrivé. Les gouttes de son chant s'égrènent sur le carreau de la fenêtre. Dans l'herbe de la pelouse, les magiques assassinats d'insectes, d'a-nimaux se perpètrent. Écoute, mais n'entends pas.

J'ai hâte de tenir dans mes mains la joie des tiennes. Quelquefois j'imagine qu'il serait bon de se noyer à la surface d'un étang où nulle barque ne s'aventurerait. Ensuite, ressusciter dans le courant d'un vrai torrent où tes couleurs bouillonneraient.

Il faut que craque ce qui enserre cette
ville où tu te trouves retenue. Vent, vent,
vent pareillement autour des troncs et sur
les ~~chaumes~~ chaumes. J'ai levé les yeux sur la
fenêtre de ta chambre. ~~Que je~~ Ce n'est qu'un flocon
as-tu ~~T~~ ~~tout emporté ?~~ ~~ne~~ ~~n'est pas~~
qui fond sur ma paupière. Laide saison où l'on
~~ta fantôme par ...~~ ~~sans~~ ~~pas~~
~~trois~~ croit regretter, où l'on projette, alors
qu'on s'aveulit.

Je ris merveilleusement avec toi. Voilà
la chance unique.

Hier, après déjeuner, j'ai dû faire le contraire
d'une sieste d'une heure chez le dentiste.
Il avait subitement décidé de m'extraire

5

une dent. Je me suis résigné à cette exi—
gence. Aujourd'hui, le tocsin dans la bouche,
la joue sur l'oreiller, je songe, ô pétillante,
à la très placide mâchoire des morts!

Je ne puis être et ne veux vivre que dans
l'espace et dans la liberté de mon amour.
Nous ne sommes pas ensemble le produit
d'une capitulation, ni le motif d'une
servitude plus déprimante encore. Aussi
menons-nous malicieusement l'un contre
l'autre une guérilla sans reproche.

Tu es plaisir, avec chaque vague séparée
de ses suivantes. Enfin, toutes à la fois
chargent. C'est la mer qui se fonde, qui
s'invente. Tu es plaisir, ~~corail~~ de spasmes.

6

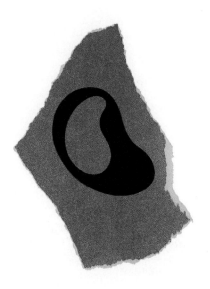

Nos paroles sont lentes à nous parvenir,
comme si elles contenaient, ~~séparées~~, une sève suf-
fisante pour rester closes tout un hiver.
Pourtant notre voix court de l'un à ~~l'autre~~
l'autre, mais chaque ~~buisson~~ avenue, chaque ~~regard~~,
chaque fourré, ~~la saveur étrange~~, la tire à lui, la re-
tient, l'interroge. Tout est prétexte à la
ralentir. Il a fait deux journées d'in-
commensurable soleil, puis la brume
a repris sa place. Les passants, les choses
sont redevenus incertains. Même le grain
de beauté au bord de ta lèvre adorable
Souvent je ne parle que pour toi,
afin que la terre m'oublie.

On tousse dans la chambre à côté sur
le mode du canard qui aurait avalé
le glaçon de la mare. A l'entre-deux

saisons, chacun est assailli par son
petit adversaire. Canard ou non.

Je viens de rentrer. J'ai ~~longtemps~~
marché. Tu es la Continuelle. Je fais
du feu. Je m'assois dans le fauteuil
de panacée. Dans les plis des flammes
barbares ma fatigue escalade à son
tour. Métamorphose bienveillante
alternant avec la funeste.

Dehors, le jour (indolore) que les ronges des saules
renoncent à justifier. Plus haut il y a la mesure de la futaie que l'aboi
des chiens et le cri des chasseurs déchirent.

8

Ta fascinante lingerie.

L'exercice de la vie, quelques combats
au dénouement sans ~~solution~~ solution, mais aux motifs valides m'ont appris
à regarder ~~la personne humaine~~ ~~d'orage~~ sous l'angle du
ciel dont le bleu fleur est le plus
favorable. Je crois savoir que la
plupart ne font que transiter.

notre arche à tous, la très parfaite !
~~Étrange faiblite qu'elle de cette~~ parois.
~~puis~~ naufrage à l'instant de son ~~trouple~~
~~Cependant~~ Dans ses débris et sa poussière,
l'homme à tête de nouveau-né réapparait,
~~Il est~~ déjà mi-liquide, mi-fleur.

9

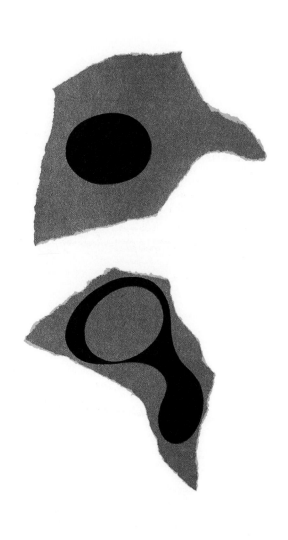

S'il n'y avait sur terre uniquement
que nous, mon amour, nous serions
sans complices et sans alliés, avant-
coureurs candides ou survivants hébétés.
L'air que je sens toujours prêt à manquer
à la plupart des êtres, ~~te ralliant~~, à une
profusion et des loisirs étincelants.

Tendrement l'horloge ~~nous presse~~, mais
ni toi, ni moi ne savons tourner.

Celui qui veille au sommet du plaisir
est l'égal du soleil comme de la nuit.
Celui qui veille n'a pas d'ailes; il ne
poursuit pas.

Je vais parfois le soir aux Lilas. Je

m'assieds tantôt à une table, tantôt à une autre. Tables où personne ne consomme, excepté moi. Je fais ~~mon abeille~~ ce que tu suggérais.

mon exil est enclos dans de la grêle ; mon exil monte à sa tour de patience. Pourquoi le ciel se voûte-t-il ?

ma convoitise comique, mon vœu ~~Je veux savoir qui tient encore~~ glacé : ~~je fais le geste suivant de~~ saisir ta tête, comme un rapace à flanc d'abîme. (Je t'avais maintes fois tenue sous la pluie des falaises, comme un faucon encapuchonné.)

Il y a deux iris jaunes dans l'eau verte
de la Sorgue. Si le courant les em-
portait, c'est qu'ils seraient décapités.

Merci [redacted] d'être, sans jamais te
casser, iris, ~~o~~ ma fleur de gravité ! Tu
élèves au bord des eaux des affections
~~délivres~~ ~~des libertés~~ miraculeuses, tu ne pèses pas sur les mourants que tu veilles, tu
éteins des plaies sur lesquelles le temps
n'a pas d'action, tu ne conduis pas
à une maison consternante, tu permets
que toutes les fenêtres reflétées ne fassent
qu'un seul visage de passion, tu accompagnes
le retour du jour sur les ~~graves~~ vertes
avenues libres.

Guirlande
terrestre

est pour

Yvonne.

Nous sommes en Janvier.
1952.

René Char

L'édition originale de *Lettera amorosa* est parue chez Gallimard en 1953 dans la collection «Espoir» dirigée par Albert Camus. Pour cette édition, René Char avait rédigé une bande qui reproduisait une citation de Monteverdi et un prière d'insérer qu'on trouvera en tête du volume. Une première version a été publiée dans la revue portugaise *Arvore* sous le titre *Guirlande terrestre pour un ange de plomb*, le manuscrit ayant été illustré par Jean Arp (ce manuscrit est la propriété de la Bibliothèque Nationale de France). Le texte revu a été repris dans *La Parole en archipel* en 1962, puis dans *Commune présence* en 1964. L'année précédente, une édition à tirage limité publiée à Genève par Engelberts proposait les lithographies de Georges Braque reproduites dans la présente édition.

Le titre de *Lettera amorosa* fait écho au madrigal «*Se i languidi miei sguardi*», pièce pour une seule voix et basse continue, extraite du VIIe livre (1619) des *Madrigaux* de Monteverdi. L'œuvre est composée sur un poème de Claudio Achillini (1574-1642), un ami bolonais de Marino. L'épigraphe de la p. 9 signifie : «Il n'est plus une part de vous qui ne m'attache tout entier à elle par les forces invincibles de l'amour.»

PRINCIPAUX OUVRAGES
DE RENÉ CHAR
(1907-1988)

1928   *Les Cloches sur le cœur* (Le Rouge et le Noir).

1929   *Arsenal* (hors commerce).

1930   *Le Tombeau des secrets* (hors commerce).
      Artine (Éditions surréalistes).
      Ralentir travaux, en collaboration avec
      André Breton et Paul Éluard (Éditions surréalistes).

1931   *L'action de la justice est éteinte*
      (Éditions surréalistes).

1934   *Le Marteau sans maître* (Éditions surréalistes).

1936   *Moulin premier* (G.L.M.).

1937   *Placard pour un chemin des écoliers* (G.L.M.).

1938   *Dehors la nuit est gouvernée* (G.L.M.).

1945   *Seuls demeurent* (Gallimard).

1946   *Feuillets d'Hypnos* (Gallimard).

1947   *Le Poème pulvérisé* (Fontaine).

1948   *Fureur et mystère* (Gallimard).

1949   *Claire* (Gallimard).

1950   *Les Matinaux* (Gallimard).

1951   *Le Soleil des eaux* (Gallimard).
      À une sérénité crispée (Gallimard).

1953   *Lettera amorosa* (Gallimard).

1955   *Recherche de la base et du sommet*,
      suivi de *Pauvreté et privilège* (Gallimard).

1957   *Poèmes et prose choisis* (Gallimard).

1962   *La Parole en archipel* (Gallimard).

1964   *Commune présence* (Gallimard).

1965 *L'Âge cassant* (José Corti).
1966 *Retour amont* (Gallimard).
1967 *Trois coups sous les arbres* (Gallimard).
1968 *Dans la pluie giboyeuse* (Gallimard).
1971 *Le Nu perdu* (Gallimard).
1975 *Aromates chasseurs* (Gallimard).
1977 *Chants de la Balandrane* (Gallimard).
1979 *Fenêtres dormantes et porte sur le toit* (Gallimard).
1981 *La Planche de vivre*, traductions en collaboration avec Tina Jolas (Gallimard).
1985 *Les Voisinages de Van Gogh* (Gallimard).
1987 *Le Gisant mis en lumière* en collaboration avec Alexandre Galperine et Marie-Claude de Saint-Seine (Éditions Billet).
1988 *Éloge d'une Soupçonnée* (Gallimard).

DANS LA COLLECTION « POÉSIE »

1967 *Fureur et mystère*, préface d'Yves Berger.
1969 *Les Matinaux* suivi de *La Parole en archipel*.
1971 *Recherche de la base et du sommet*.
1978 *Le Nu perdu*.
1989 *Éloge d'une Soupçonnée* précédé d'autres poèmes (1973-1987).
1995 *La Planche de vivre*, traductions en collaboration avec Tina Jolas.
1997 *En trente-trois morceaux* et autres poèmes, suivi de *Sous ma casquette amarante*.
1998 *Commune présence*.

2002 *Le Marteau sans maître* suivi de *Moulin premier,* édition de Marie-Claude Char.

2007 *Lettera amorosa* suivi de *Guirlande terrestre.*

DANS LA BIBLIOTHÈQUE DE LA PLÉIADE

1983 *Œuvres complètes* (réédition augmentée en 1995).

DANS LA COLLECTION « QUARTO »

1996 *Dans l'atelier du poète*, édition établie par Marie-Claude Char.

DANS LA COLLECTION « FOLIO »

2007 *Poèmes en archipel*, anthologie établie par Marie-Claude Char, Marie-Françoise Delecroix, Romain Lancrey-Javal et Paul Veyne.

DANS LA COLLECTION
« FOLIOPLUS CLASSIQUES »

2007 *Feuillets d'Hypnos*, avec un dossier réalisé par Marie-Françoise Delecroix.

DERNIÈRES PARUTIONS

Ce volume, le quatre cent trentième
de la collection Poésie,
a été achevé d'imprimer sur les presses
de l'imprimerie Clerc à Saint-Amand (Cher),
le 29 mars 2007.
1er dépôt légal : mars 2007
Dépôt légal : mars 2007
Numéro d'imprimeur : 9464
ISBN 978-2-07-034427-7